Deutschland in alten Ansichtskarten
Offenbach

Offenbach
in alten Ansichtskarten

Herausgegeben von
Lothar Braun

GONDROM

Umschlagmotiv: Schloßplatz mit Schloß

Lizenzausgabe für Gondrom Verlag GmbH & Co. KG, Bindlach 1995

ISBN 3-8112-1331-8

Vorwort

Rührende Begegnung mit dem Unvergessenen wird diese Sammlung jenen bringen, die das alte Offenbach noch erlebten. Eine fremde Stadt, die gleichwohl vertraute Spuren hinterließ, mag sie den anderen vorführen. Ein Anreiz zum Entdecken wird sie für beide Gruppen sein, eine Einladung zu dem Vergnügen, durch das Gestern flanieren zu können und dabei ein Stück Stadtbiographie zu verfolgen. Es ist ein Abenteuer, das gerade in Offenbach nur noch anhand solcher Abbildungen möglich wird.

Offenbach, obwohl bereits 977 erstmals urkundlich erwähnt und mithin respektablen Alters, hat nur wenig von seiner alten Bausubstanz bewahrt. Nichts blieb aus dem Mittelalter, außer einigen Elementen an der Nordfassade des Isenburger Schlosses, das seinen Reiz jedoch aus Anmut und Harmonie der südlichen Renaissance-Fassade bezieht. Und sie ist denn auch das einzige Zeugnis dieser Epoche. Die Barockzeit hinterließ keine triumphalen Aufschwünge, nur bescheidene Kostbarkeiten: die französisch-reformierte Kirche, ein paar Häuser mit liebenswerten Mansart-Dächern.

Beherrscht wird das Stadtbild vom Beton der zweiten Hälfte unseres Jahrhunderts. Geprägt ist es über weite Bereiche von den Miethäusern der Gründerjahre, der ihnen folgenden Jahrhundertwende, den Einflüssen des Jugendstils. Es sind die Zweckbauten aus der Hoch-Zeit der Ansichtskarte. Man weiß, das dieses populäre Kommunikationsmittel erst um 1870 seinen stürmischen Siegeszug begann. Die Ansichtskarte ist ein Kind der modernen, kommunikativ orientierten Massengesellschaft. Ein junges Medium also. Es vermittelt nichts aus ferner Vergangenheit – wenn wir uns darüber verständigen, daß auch die Abbildung einer griechischen Tempelruine ein Abbild der Gegenwart und nicht der Vergangenheit ist. Die Zeit, die die Ansichtskarte dokumentieren kann, liegt uns allemal nahe. Und doch sprechen uns hier Eindrücke aus einer versunkenen Welt an. Trotz ihrer zeitlichen Nähe sind solche Abbilder schon selten und damit kostbare Sammelobjekte geworden. Wer mag, kann vor diesen Bildern über Vergänglichkeit, über die Zeit und ihre Flüchtigkeit philosophieren. Denn wir kommen nicht umhin, in diesen Ansichten unsere Umwelt zu erkennen. Die gezeigten Straßen und Plätze lassen sich begehen. Sie tragen in der

Regel noch immer dieselben Namen, sind nach wie vor Fixpunkte einer kaum veränderten Stadtstruktur. Aber es bleibt dabei: Sie erscheinen uns fremd. Sie reflektieren ein Stadtgefühl, ein Stadterlebnis, an dem wir nicht Anteil haben.

Damit wird dieses Buch zu mehr als einem bloßen Inventarverzeichnis aus der Stadt der Großväter. Es läßt ihren Zeitgeist anklingen. Nachdenkliche Pessimisten mögen so weit gehen, eine verlorengegangene Seele zu erkennen. Es sei ihnen nicht verwehrt. Die Vergangenheit für heiler zu halten als die Gegenwart, das mag ein Irrtum sein. Aber auf diesen Irrtum hat jedermann ein Recht. Das menschliche Herz wäre ein kahles Zimmer ohne Möbel, wenn es gelänge, aus seinen Winkeln jedwede Illusion zu tilgen.

Freilich, kann man sich dem Eindruck verschließen, das Leben in der Stadt dieser Abbilder sei eben doch gemütvoller gewesen als das unsere? Wahrscheinlich war es gemächlicher in der Gangart. Sicher lebten die Menschen näher beieinander, lebten sie geselliger, nicht der Flut der Reize ausgesetzt, die uns bedrängen. Vielleicht lebten sie konzentrierter, weil weniger zu „Zerstreuung" verleitet. Aber verkennen wir nicht: Auch sie erlebten ihre Stadt im Wandel, sahen die Verdrängung von Gewohntem, den Verlust des Heimseligen.

Diese Sammlung von Ansichtskarten des vergangenen Offenbach ist dem Offenbach von heute gewidmet. Sie erlaubt den Vergleich, stellt den Zeitgeist der Gegenwart auf den Prüfstand. Ist es gelungen, nach dem Kahlschlag des Bombenkrieges den Organismus dieser Stadtlandschaft sinnvoll und mit Geschmack zu verjüngen? Ist die Stadtsanierung der letzten Jahrzehnte nur problematisch oder hat sie die Qualität der Stadt nicht doch in einigen Zügen zu verbessern verstanden? Wie läßt sich die Gegenwart beurteilen am Maßstab der alten Abbilder?

Wir meinen, sie könne beim abwägenden Vergleich so schlecht nicht abschneiden. Unsere Bilder vermitteln nicht nur Zeugnisse städtebaulicher Perfektion. Und wenig ging verloren, das als kulturgeschichtlich wertvolles Besitztum zu betrauern wäre. Das alte Offenbach war kein Freilichtmuseum. Kein bauliches Denkmal bedurfte der Restaurierung und Bewahrung, weil es an ein Konzil, eine Fürstenhochzeit, einen Friedensschluß von Rang erinnerte oder mit dem Namen eines der großen Baumeister der Jahrhundertwende verbunden gewesen wäre.

Diese Stadt hat sich immer wieder gehäutet, seit sie existiert. Alle alten Ansichten zeigen den fortwährenden Wandel durch Jahrhunderte hindurch, das jeweils gültige Gesicht der Zeit, von dem die folgenden

Generationen dann offenbar leichten Herzens wieder abwichen. Deuten wir es als Zeugnis von Lebenskraft und Lebenswillen. Beweglich und anpassungsbereit, stets mehr der Zukunft zugewandt als der Vergangenheit, hat Offenbach es nie als Mangel empfunden, daß es nicht geschichtliche Bühne hat werden können. Seinen Platz im Lexikon hat es sich mit kultureller und wirtschaftlicher Regsamkeit gesichert.
Damit freilich wuchs ein Selbstbewußtsein, das sich auch in unseren Ansichtskarten spiegelt. Stolz auf technischen Fortschritt und gewerbliche Leistung werden deutlich und verbinden sich zum Stolz auf die Stadt. In einer naiven Freude weisen die Ansichtskarten vor, „was wir haben". Dennoch gelangt dieses Selbstbewußtsein nicht zu Überschwang und kecken Höhenflügen. Die Fähigkeit zu Selbstironie dämpft den Abflug ins Übermaß, ins Überhebliche. Vielfach wird ein verschmitzter Humor erkennbar. Und auch den haben die Offenbacher auf bemerkenswerte Weise trotz aller Bevölkerungsumwälzungen der letzten Jahrzehnte als Eigentümlichkeit bewahren können.
Mögen sie sich, ihre Eigenart und ihre Stadt in unseren Bildern erkennen können. Es würde das Vergnügen an diesem Band erhöhen, dessen Zustandekommen ohne die verständnisvolle und hilfsbereite Unterstützung des Stadtarchivs, seines Leiters Werner Münzberg und seiner Mitarbeiter, nicht möglich gewesen wäre. Herausgeber und Verlag danken dafür von Herzen.
Sie sind den Dank schuldig. Sämtliche hier reproduzierten Karten stammen aus der Sammlung des Stadtarchivs. Sie stellen selten gewordene Schätze dar, sind karge Reste, die die Entrümpelungsaktionen des Luftschutzes der dreißiger Jahre, den nachfolgenden Luftkrieg und die Gleichgültigkeit nur der Gegenwart und Zukunft geöffneter Generationen überdauert haben. Wobei zu bedenken ist, daß diese Karten ja in der Regel von Offenbach hinausgegangen sind zu auswärtigen Adressaten. Von ihnen mußten sie auf sicher häufig verschlungenen Pfaden wieder zurückkehren an den Ursprungsort.
Technische Mängel mancher Vorlagen waren deshalb in Kauf zu nehmen. Nur so kann einer wieder zunehmend mit Sinn für das Gestern begabten Generation Zugang zu diesen Schätzen gewährt werden, kann ihr Daseinszweck in unsere Zeit hinein erfüllt werden. Auch die alten Ansichtskarten sind ja nicht für das Dunkel von Archiven hergestellt worden, sondern um empfangen und betrachtet zu werden. Hier werden ihnen nun neue Empfänger verschafft, bei denen vorausgesetzt werden kann,

daß sie sich dem Bild mit mindestens der gleichen aufgeschlossenen Neugierde zuwenden wie die Erstempfänger.
Merkwürdig berührt es uns, auf einigen der Karten die Handschrift längst verstorbener Absender zu erkennen, die Spuren gelebten Lebens. Hier ist es ein flüchtiger Gruß, dort ein spöttischer Zuruf, eine ernsthafte Mitteilung, ein inniges Wort: Signale aus fern erscheinender Zeit. Dazu ist anzumerken, daß bei den älteren Ansichtskarten die gesamte Rückseite der Empfängeradresse vorbehalten war. Für Gruß und Mitteilung blieb auf der Bildseite nur karger Raum ausgespart. Erst von 1905 an erfolgte die Teilung der Rückseite in die Anschriften- und Mitteilungshälfte, die uns heute geläufig ist.

Unsere Ansichtskarten vermitteln mithin mehr als nur den Wandel im Stadtbild, den wir als das einzige Beständige erkannt haben. Sie sind auch geprägt vom Wandel in Stil und Geschmack und vom Wandel der Reproduktionstechnik. Für kleines Geld erworbene Massendrucksache wird so zum Kulturausweis, der seine kräftige Sprache selbst dort noch spricht, wo wir amüsiert kein anderes Urteil als „Kitsch" zu fällen vermögen.
Erinnern wir uns daran: Keine dieser Postkarten ist älter als hundert Jahre. In der tausendjährigen Geschichte der Stadt Offenbach müssen wir sie als Produkte u n s e r e r Zeit anerkennen. Vielleicht trägt dieser Beitrag zum Offenbacher Jubiläumsjahr auf seine Weise dazu bei, Gegenwart als Element der Vergangenheit verstehen zu lernen.

Bildverzeichnis

Das neue, elegante Westend des Jahres 1800 waren die ersten Häuser, mit denen die Frankfurter Straße die Kaiserstraße westwärts übersprang. In der Bildmitte die Kreuzung.

Was dem Stadtbewohner erst in unserer Zeit mühsam zurückgewonnen werden mußte, war in den achtziger Jahren des 19. Jahrhunderts Selbstverständlichkeit: Die Frankfurter Straße als Fußgängerzone.

Die Gründerjahre veränderten das Stadtbild. An der Kreuzung Frankfurter Straße und Herrnstraße schoß der erste Kaufhaus-Bau in die Höhe, mit den Türmchen und dem Zierrat des Tietz-Stils.

Fast schon mit den Zügen von heute, aber nicht vom tosenden Autoverkehr, sondern von Fußgängern beherrscht: Die Kreuzung Frankfurter Straße und Kaiserstraße etwa um 1930.

Offenbach a.M.
Frankfurter Str.

Vom Alten Markt her bot die Frankfurter Straße schon seit Jahrzehnten das Bild einer wichtigen Einkaufsstraße. Und die Straßenbahn gehört dazu seit 1884. 1907 wurde sie zur Linie 16.

Das alte Stadthaus der Fürsten von Isenburg an der Frankfurter Straße (am rechten Bildrand) diente der Stadt von 1858 bis 1921 als Rathaus. Heute öffnet sich dort der Zugang zum neuen Rathaus mit seinen 18 Geschossen.

Dem alten Stadthaus vorgelagert als ein schmuckes Vorgelände: Der Aliceplatz mit dem 1878 eingeweihten Denkmal zur Erinnerung an den Krieg 1870/71. Es wurde 1957 abgetragen und auf den Alten Friedhof versetzt.

Wasserspiele umgaben das Kriegerdenkmal auf dem Aliceplatz, hier mit dem Blick nach Süden auf das Gebäude an der Großen Marktstraße, in dem schon vor der Jahrhundertwende eine Zeitung gedruckt wurde.

Gruss aus
Offenbach a. M.
(58,000 E.)

Das neue Postgebäude Ecke Aliceplatz und grosse Marktstrasse.

1884 entstand das Postamt am Aliceplatz, dem 1903 der Eckflügel an der Großen Marktstraße angefügt wurde. Es war ein Stolz der aufstrebenden Stadt, die ihre Bedeutung in solchen Bauten gewürdigt sah.

Der Marktplatz war das Herz des alten Offenbach. Dabei ist er erst 1702 angelegt worden, zusammen mit Frankfurter Straße, Großer Marktstraße und Großem Biergrund: Erstes Wachstum der Stadt nach Süden.

Zum 90. Geburtstag Kaiser Wilhelms I. erhielt der Wilhelmsplatz eine „Kaisereiche" mit Gedenkstein. Beide wurden 1925 wieder entfernt, in republikanischem Überschwang und um dem Wochenmarkt Raum zu schaffen.

Vom Reingewinn eines großen Festes stiftete der Offenbacher Schützenverein 1885 ein Uhrtürmchen für den alten Markt, von den Offenbachern „die Zwiwwel“ genannt. 1927 wich es dem Verkehr.

Bis zum Jahre 1903 war der Alte Markt (hier mit Blick nach Süden, in die Waldstraße) Standort der Offenbacher Wochenmärkte, die mit Teilen aber schon Jahrzehnte früher auch auf dem Wilhelmsplatz stattfanden.

Das 25. Mittelrheinische Turnfest von 1901 setzte eine Festreihe fort, die bereits 1860 begonnen hatte. Sein Schauplatz war die „Löwenwiese“ am westlichen Stadtrand.

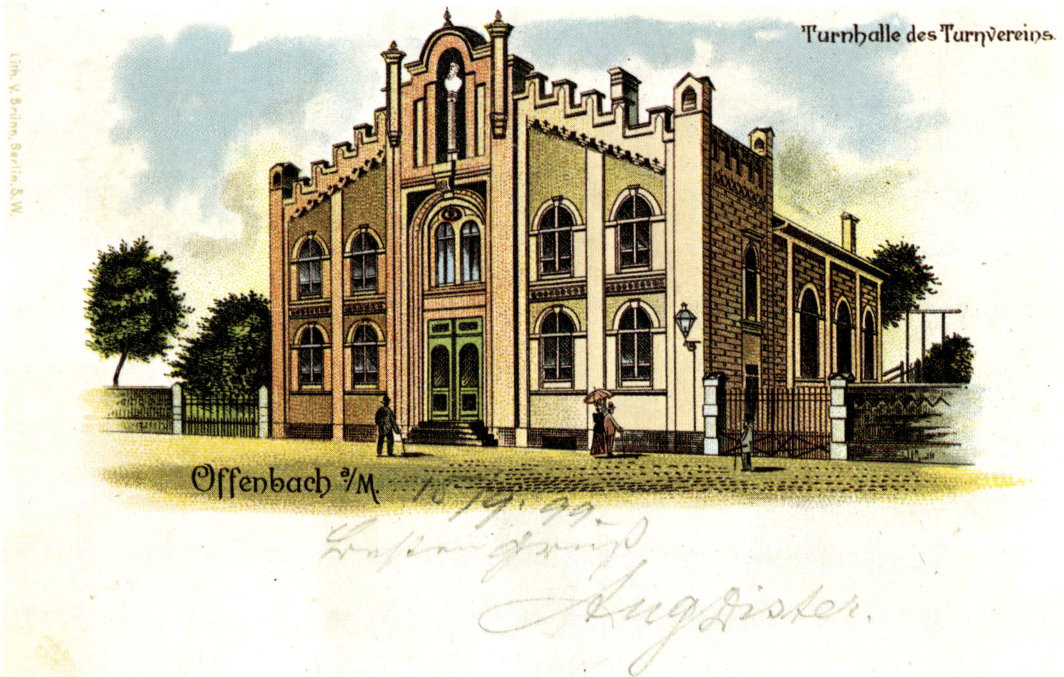

1843 wurde der Offenbacher Turnverein gegründet, der schon bald sein stolzes Vereinshaus an der Goethestraße errichtete. Es stand „vor der Stadt", von Gärten umgeben.

Bomben haben das Gasthaus „Zum Goldenen Engel“ hinweggefegt. Es gehörte zu den ältesten Gebäuden am Alten Markt. Sein Standort wurde nicht mehr bebaut, sondern in den Straßenraum einbezogen.

Das „Lämmchen" am Übergang des Alten Marktes in die Bieberer Straße gehörte wie der „Goldene Engel" zu den beliebten Treffpunkten der alten Offenbacher. Seine Stelle nimmt heute ein Kaufhaus ein.

Schon bevor es dort ein Fußballstadion gab, muß der Bieberer Berg so etwas wie eine Wallfahrtsstätte gewesen sein. Die Karte verspottet die „Bergsteiger“, die von dort die Aussicht auf die ferne Stadt genossen.

Das 1898 eröffnete Schießhaus auf dem Bieberer Berg war Ausflugsziel und Sportstätte zugleich. Im gesellschaftlichen Leben der Stadt spielten die Schützen neben den Turnern eine bedeutende Rolle.

Bis zum Jahre 1832 diente der Wilhelmsplatz als Friedhof. 1866 wurde ein Teil seiner Fläche erstmals für Marktzwecke in Anspruch genommen: Der Alte Markt war zu klein geworden.

Verschachtelt und verbaut erscheint die Stadt des Jahres 1910 aus der Vogelschau. Hier, zwischen der Französisch-reformierten Kirche und dem Schloß, steht heute in Beton gegossen das Zentrum der neuen City.

1885 wurde die Kunstgewerbeschule am Mathildenplatz eingeweiht, die 1913 als Teil der Technischen Lehranstalten ans Schloß umzog. Später nahm das Haus wechselnde Behörden auf, zuletzt die Polizei.

Zwei Jahre nach Baubeginn konnte 1905 der erste Abschnitt der Mathildenschule in Betrieb genommen werden. Wegen starker Bodensetzungen mußte sie 1976 niedergelegt werden.

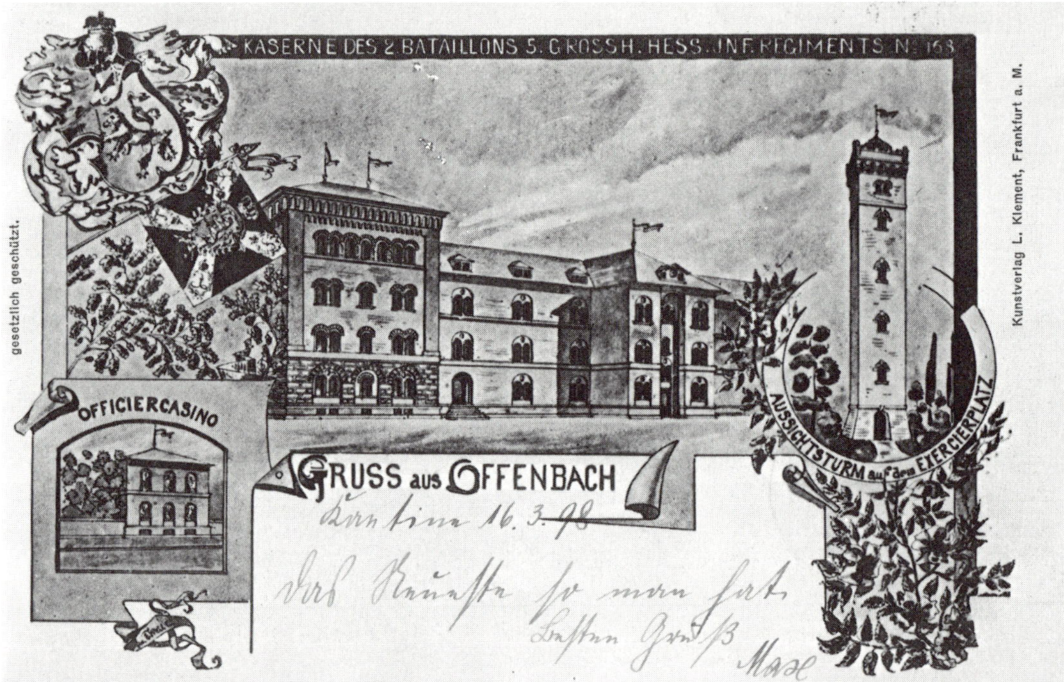

In der 1842 erbauten und 1878 erweiterten Kaserne an der Bieberer Straße war ein Bataillon des Großherzoglich Hessischen Infanterieregiments 168 zu Hause. Heute dient sie als Finanzamt.

Aus eigenen Mitteln baute der Offenbacher Verschönerungsverein den Aussichtsturm auf dem Bieberer Berg, dem mit 130 Meter über See höchsten Punkt der Stadt. 1882 war Einweihung.

Die Schloßstraße trug bis zum Jahre 1912 ihren Namen einleuchtender als heute. Noch war der Zugang zum Schloß nicht verbaut.

Die Schloßkirche entstand 1700 auf dem Platz einer älteren Kapelle.

Eine Schiffbrücke am Schloß bot leichten Zugang zum Haus des Rudervereins auf dem Fechenheimer Ufer.

Zum Schloßplatz von 1907 gehörte noch der 1832 eröffnete und 1904 geschlossene Schlachthof.

Spenden eines wohlhabenden Bürgers setzten die Stadt in den Stand, die alten Häuser am Schloßplatz zu erwerben und abzureißen. Der Platz sollte Grünanlage werden, erhielt aber dann ein Schulgebäude.

1890 begann die Befestigung des Mainufers am Schloß. Die Mainstraße konnte entstehen. Nichts erinnerte mehr daran, daß der Main einmal zu Füßen des Schlosses schwappte.

Mitten im Kriegsjahr 1917 wurde das Offenbacher Heimatmuseum gegründet, zunächst im Isenburger Schloß. 1938 zog es in dieses benachbarte Haus, das sechs Jahre später Bomben zum Opfer fiel.

Technische Lehranstalten Offenbach a. M.

Kunstgewerbeschule Baugewerkschule
Maschinenbauschule Handwerkerschule

Die Technischen Lehranstalten am Schloß, heute Hochschule für Gestaltung, wurden 1913 eingeweiht. Ihr Architekt und Anstaltsleiter, Hugo Eberhardt, ist auch als Gründer des Ledermuseums unvergessen.

Der Bau des Maindamms erlaubte die Bebauung der Mainstraße. Die Offenbacher Spaziergänger gewannen mit ihm eine ihrer schönsten Promenaden, mit freiem Blick in die rechtsmainische Landschaft.

1887 löste die feste Brücke nach Fechenheim die alte Schiffsbrücke am Schloß ab. Anläßlich der Feier wurde Bürgermeister Brink durch großherzogliches Dekret zum Oberbürgermeister ernannt.

Bevor 1902 der Offenbacher Hafen fertiggestellt war, legten die Schiffe in der Nähe des Schlosses an. Kinder fanden dort ein ideales Spielgelände, aber auch Erwachsene hielten sich gern dort auf.

Vom Gasthaus „Zur schönen Aussicht“ hatte man in der Tat einen reizvollen Blick auf das unbebaute Fechenheimer Mainufer und das rege Treiben auf dem Fluß.

1876 gründete sich die Rudergesellschaft Undine, deren Boots- und Gesellschaftshaus das gegenüberliegende Frankfurter Ufer beherrschte. Von der alten Anlage überlebte nur der Turm die Bomben.

Völlig verschwunden wie die gesamte Offenbacher Altstadt ist die Mühlgasse mit ihren reizvollen Mansartdächern. Sie zog sich östlich des Schlosses zum Main hin.

In einem weiten Bogen nach Westen schwang die Glockengasse etwa von der heutigen Rudolf-Koch-Schule zur Schloßstraße nahe dem Alten Markt. Die Straße verschwand in der Zweiten Ebene.

Das Französische Gäßchen verband den Kern der Offenbacher Altstadt mit der Herrnstraße, dem „Westend“ von 1700. Hier der Einblick von der Herrnstraße aus.

Die Sandgasse setzte den Schwung der Glockengasse nach Osten fort.

Die Synagoge in der Großen Marktstraße diente der jüdischen Gemeinde von 1708 bis 1916.

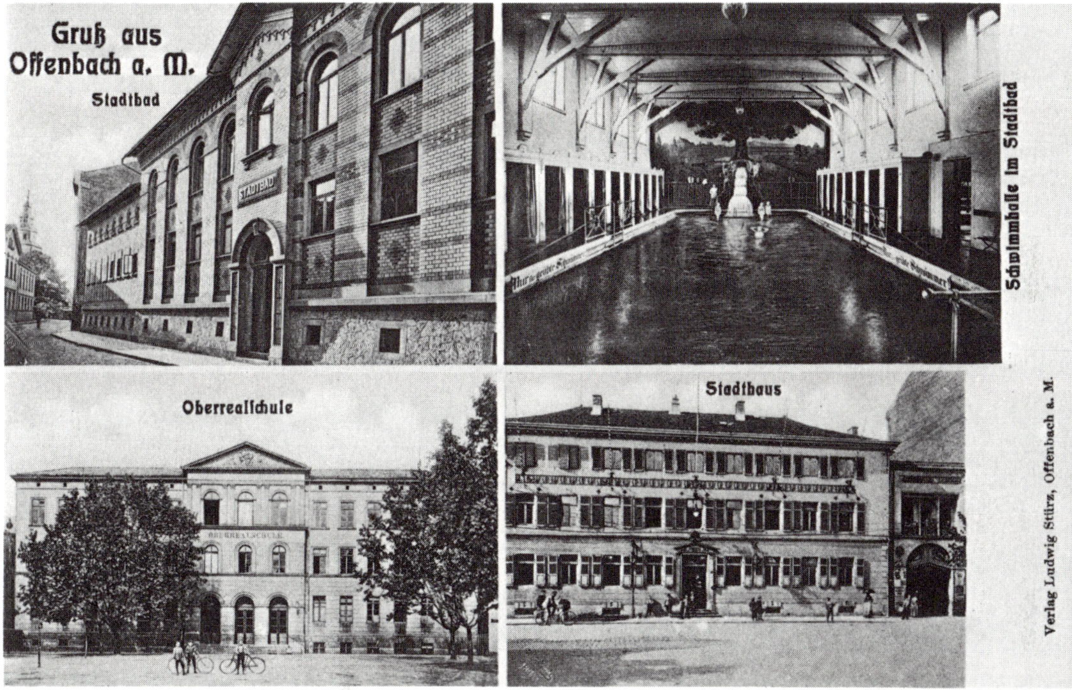

Darauf waren die alten Offenbacher nicht wenig stolz: Stadtbad und Oberrealschule stellten moderne Errungenschaften dar. Im Stadthaus fand sich Tradition bestätigt.

Das alte Stadtbad in der Herrnstraße ist 1887 von einem privaten „Verein Offenbacher Stadtbad“ erbaut worden. 1905 ging es in den Besitz der Stadt über, die es heute noch für Schulen nutzt.

An der Stelle der 1873 eingeweihten und im Zweiten Weltkrieg zerstörten Oberrealschule am Stadthof steht heute das Gebäude der Industrie- und Handelskammer.

1920 erwarb die Stadt das Büsingpalais, den alten Herrensitz der Familien Bernard und d'Orville. Im folgenden Jahr übersiedelte die Stadtverwaltung von der Frankfurter Straße in das Palais.

Nur die beiden Löwen zeugen noch von der einseitigen neobarocken Pracht, mit der das Hauptgebäude des Büsingpalais imponierte. Es sank 1943 in Trümmer.

Der Rathaus-Park zwischen Kaiserstraße und Büsingpalais heißt heute wieder Büsingpark. Er ist eines der letzten Zeugnisse großbürgerlichen Lebensstils in Offenbach.

Von diesem östlichen Teil der Domstraße ist kaum etwas geblieben. Die linke Häuserzeile mit den Häusern der Sophie La Roche und der Andrés wich der Erweiterung des Büsingparks.

Erhalten blieb, wenngleich des schmucken Türmchens beraubt, das Gebäude des Bankvereins an der Kreuzung Kaiserstraße mit der heutigen Berliner Straße, in der die Hälfte der Domstraße verschwand.

In der Bahnhofstraße gibt es den Bahnhof nicht mehr. Die im Revolutionsjahr 1848 eröffnete Lokalbahn nach Sachsenhausen fuhr bis 1955. Für die Wirtschaft der Stadt war sie ohne Bedeutung.

Gegenüber dem Lokalbahnhof lag das Hotel Degenhardt, später Parkhotel genannt. Es war „das erste Haus am Platze“ und Plattform für anspruchsvolle gesellschaftliche Ereignisse.

Der Schillerbrunnen auf der Kreuzung Geleitsstraße und Luisenstraße entstand 1909 zum 150. Geburtstag des Dichters. 1939 wurde er abgetragen zugunsten eines Verkehrskreisels.

Fassade der 1800 qm großen Glashalle an der Frankfurterstraße.

Die Kaiser-Friedrich-Quelle, 1888 erschlossen, verdankt ihre Entstehung der Beharrlichkeit eines Fabrikanten, der Kühlwasser suchte und Mineralwasser fand. Offenbach träumte davon, Kurort zu werden.

Gegenüber den Gebäuden der Kaiser-Friedrich-Quelle in der Ludwigstraße hatte schon das großherzogliche Kreisamt seinen Sitz. In den dreißiger Jahren wurde das Haus Polizeipräsidium.

Das zweite Offenbacher Kreisamt an der Ecke Geleits- und Parkstraße sank im Krieg in Trümmer. Es wurde am selben Platz in moderner Form wieder aufgebaut.

Nach dreijähriger Bauzeit konnte 1894 das Stadtkrankenhaus am Starkenburgring eröffnet werden. Es galt als eine der modernsten Kliniken des Deutschen Reiches und zog jahrelang Delegationen zur Besichtigung an.

Stilles äußerstes Westend war der Dreieichring an der Frankfurter Straße, bevor die Autos kamen. Noch immer aber blicken die Villen in Offenbachs schönste Parkanlage.

Dem 1897 gegründeten Offenbacher Tennisclub stand das Gelände des älteren Offenbacher Schlittschuhclubs am Isenburgring zur Verfügung. Zaghaft begann dort mit Spielstunden auch der Schul- und Jugendsport.

Der Isenburgring entstand am Rand der Wiesen, die einmal die ältesten Sportplätze der Stadt darstellten. Tennis, Eislauf, Radpolo und Turnen waren in dieser Nachbarschaft zu Hause.

Auch in den Mehrfamilienhäusern des Buchrainweges entstanden vor dem Ersten Weltkrieg Wohnungen mit Anklang an die Villen des älteren Westends.

Offenbach a. Main. Starkenburgring.

Um 1900 erreichte die Bebauungsgrenze den Anlagenring. Die Bebauung des gepflegten Starkenburgrings wurde durch das dort entstandene neue Stadtkrankenhaus gefördert.

Offener als der Starkenburgring mit seinen das Grün schützenden Zäunen wurde der jüngere Hessenring angelegt. Hier waren Erholungsuchende im Grün erwünscht.

In der Körnerstraße baute vor 1914 das gehobene Bürgertum, das in der renommierten Parallele Tulpenhofstraße keinen Bauplatz mehr gefunden hatte.

Ein neues Gymnasium entstand 1909 an der Parkstraße in reizvoller Umgebung. Großherzoglich Hessisches Gymnasium, Hindenburg-Gymnasium und Leibnizschule wurden seine Namen.

Das Gelände der Landesgewerbeausstellung von 1879 wurde Parkanlage. Bis heute erhalten blieben in diesem „Dreieichpark" die ersten Darstellungen des neuen Baustoffes Beton (rechts im Bild).

St. Paul in der Kaiserstraße, die Mutterkirche der Katholiken im überwiegend evangelischen Offenbach, wurde 1828 eingeweiht. Erst drei Jahre zuvor hatten die Katholiken Religionsfreiheit erlangt.

Wir gewahren es verdutzt: Auf der Kreuzung Kaiserstraße-Frankfurter Straße konnte man sich einmal in aller Ruhe vor der Kamera des Fotografen aufbauen. Heute treiben dort Signalanlagen die Fußgänger an.

1907 kam die Straßenbahn mit ihrer Linie 27 in die Kaiserstraße. Sie verband den Hauptbahnhof mit der Goethestraße. 1927 wurde sie Linie 28. 1951 hat der Obus sie abgelöst, dem später der Omnibus folgte.

Verständnislos rügten die Offenbacher von 1873, das man den lang erwarteten Hauptbahnhof „so weit vor die Stadt“ gebaut hatte. Heute umschließt ihn die Stadt von allen Seiten.

Seit der einmal in Gärten gesetzte Bahnhof fertig war, wuchs ihm die Kaiserstraße entgegen. Schon 1879 entstand in seiner Nähe das Gerichtsgebäude, das von 1916 bis 1920 allerdings gründlich erweitert und erneuert wurde.

Der ebenerdige Bahnübergang Waldstraße mit seinen häufig geschlossenen Schranken wurde zum Ärgernis. Für die Fußgänger entstand ein Steg.

Um 1910 begann die Höherlegung der Eisenbahn. Vom neuen Bahndamm aus bot sich ein völlig neues Bild durch die Waldstraße und Schloßstraße bis hinüber zum Isenburger Schloß.

Ein von Wald umgebenes Ausflugslokal, das war die Rosenhöhe im Süden der Stadt, bevor dort die Bebauung mit Ein- und Zweifamilienhäusern begann.

Der „Wiener Hof" im Stadtteil Bieber, eine der traditionsreichen Offenbacher Gaststätten, war schon 1899 eine Institution im damals selbständigen Dorf. Offenbacher traf man hier ebenso wie Bieberer.

Als 1873 die Bebraer Bahn gebaut wurde, kam niemand auf die Idee, sie könne einmal ein trennendes Hindernis inmitten der Stadt werden. Südlich des Bahnhofs gab es noch nicht viel Offenbach.

1911 mußte die Oberrealschule am Stadthof geteilt werden. An der Waldstraße entstand ein Neubau, die „Oberrealschule am Friedrichsplatz", heute Albert-Schweitzer-Schule.

Die alte Friedrichschule verschlang der Bombenkrieg. An ihre Stelle ist Anfang der fünfziger Jahre das Gebäude der Bundesmonopolverwaltung gebaut worden.

Offenbach a. Main — Volksschule an der Friedensstraße — Straßenansicht

1913 ging die erste große Offenbacher Schulbau-Welle zu Ende, zu der jahrzehntelang das stürmische Wachstum der Stadt genötigt hatte. Die letzte Einweihung war die der Bachschule an der Bachstraße.

Der Schlachthof an der Buchhügelallee löste 1904 das unhygienische und zu eng gewordene Schlachthaus am Isenburger Schloß ab. Viele Delegationen anderer Städte besichtigten die fortschrittliche neue Anlage.

1832 war an der Mathildenstraße der Friedhof in Betrieb genommen worden, den wir heute den Alten Friedhof nennen. 1900 fanden dort elf Opfer eines schweren Eisenbahnunglücks ihr Grab.

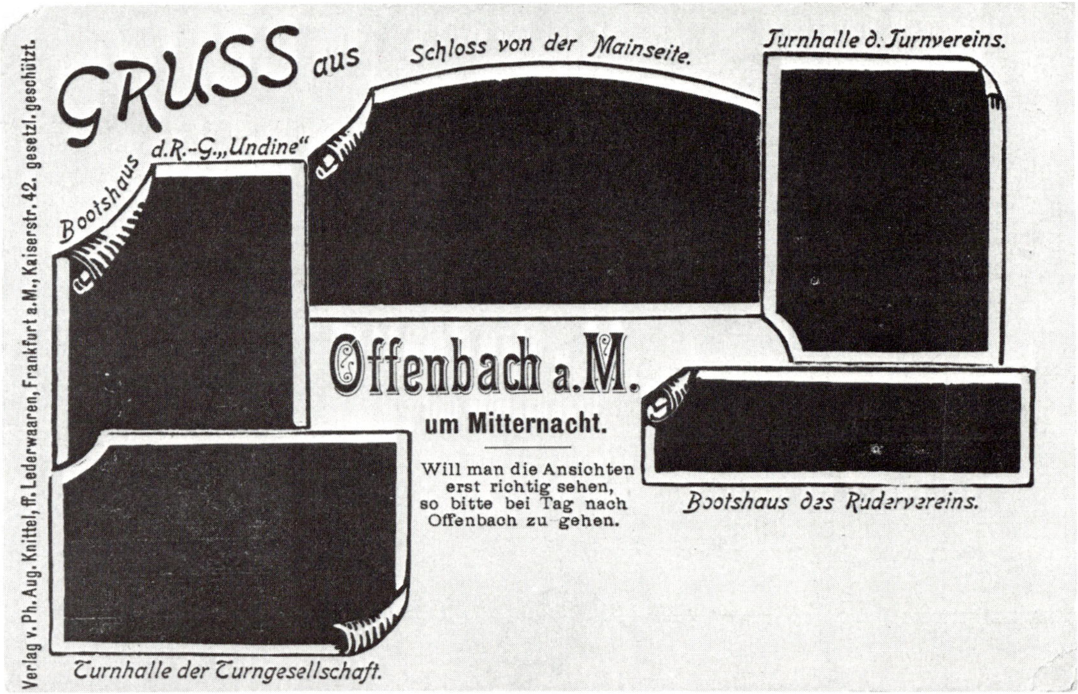

Offenbach um Mitternacht, das muß vor dem Ersten Weltkrieg nicht nur eine tote, sondern auch eine finstere Stadt gewesen sein. Das jedenfalls will diese Spottkarte vermitteln.

Aber auch im finsteren Offenbach dieser alten Zeit müssen fröhlichen Zechern irgendwo die Lampen geleuchtet haben, unter denen sich bis in den Morgen zechen ließ. Diese Scherz-Postkarte läßt es ahnen.

Kritik an der mangelhaften Straßenbeleuchtung von 1912 wird offensichtlich mit dieser satirischen Postkarte geübt, anläßlich der Bürgermeisterwahl war das sicher auch ein politisches Thema.

1896 war die Erinnerung noch wach an die 60 Jahre zuvor erlebte Abwanderung der Offenbacher Messe nach Frankfurt. Eine Folge des Beitritts der Stadt Frankfurt zum Zollverein: Sie war Zoll-Inland geworden.

Die bis 1942 selbständige Gemeinde Rumpenheim war geprägt vom höfischen Leben im Schloß der Landgrafen von Hessen. Rumpenheimer waren es gewohnt, Europas gekrönten Häuptern zu begegnen.

Nichts erinnert heute mehr an den „Hof" im Stadtteil Bürgel. Dabei bildete dieses Anwesen an der St. Pankratiuskirche die Keimzelle der Gemeinde, die einmal als Gutshof des Mainzer St. Peter-Stiftes gegründet wurde.

Der große Eisgang von 1861 kostete in Bürgel ein Menschenleben und blieb lange in der Erinnerung der Bürger. Häufiger wurde Bürgel von Hochwasser heimgesucht, das oft verheerende Wirkung hatte.

Erst der 1920 in Notstandsarbeit begonnene Deichbau befreite den Stadtteil Bürgel von der Not des Hochwassers, das oft genug bis in die Strackgasse vorgedrungen ist.

Der Felsenkeller am Bieberer Berg war ein beliebtes Ziel für Sonntagsspaziergänge. Ringsum war Offenbach umgeben von solchen Ausflugsstätten. Die meisten haben den Wandel der Zeit nicht überlebt.

Wer sich sportlich betätigen wollte, der fand am Sonntag dazu Gelegenheit im Velodrom des Fahrradhändlers Carl Hess. Es stand an der westlichen Frankfurter Straße.

Offenbacher finden nichts dabei, sich selbst zu verulken. Auf Tausenden von Postkarten haben sie seit Jahrzehnten den alten Spruch „Krieh die Kränk, Offebach . . .“ verschickt.

Diese Karte zeigt am deutlichsten, was es mit „Krieh die Kränk" auf sich hat. Der Spruch soll Anfang des 19. Jahrhunderts aufgekommen sein, ist jedoch nachweisbar älter und auch auf andere Orte angewendet.

Manche Varianten der „Krieh-die-Kränk"-Postkarte verzichten auf den Winter mit dem durch Frost festgehaltenen Stein.

Immer aber ist die Frankfurter Straße Schauplatz des „Krieh-die-Kränk"-Vorganges. Hier interessanterweise mit der ersten Straßenbahn an der Kreuzung Kaiserstraße.

Bereits 1794 gab es in Offenbach eine „Schützengesellschaft". 1861 bildete sich abermals ein Schützenverein mit sportlichem Ehrgeiz. Immer wieder war die Stadt Schauplatz für Schießwettbewerbe von überregionaler Bedeutung.